Maman Raconte Ta Vie

Publié par Midsummer Bloom Books
1621 Central Ave, Cheyenne, WY 82001, États-Unis

Première édition : Juin 2025
Imprimé aux États-Unis d'Amérique

Sommaire

Ton Histoire Commence Ici

Tu connais ce regard que tes enfants te lancent quand ils tombent sur une vieille photo de toi avec une coiffure improbable et des rêves encore plus fous ? Ou quand ils découvrent ton album de lycée et n'en reviennent pas que ce soit vraiment toi ? C'est un mélange de surprise et de fascination, comme s'ils réalisaient soudain que Maman avait toute une vie avant de devenir, eh bien, Maman.

Voilà le truc : ce livre n'est pas un simple carnet. C'est un endroit pour capturer toutes ces histoires qui sortent d'habitude seulement lors des discussions tardives dans la cuisine ou des longs trajets en voiture. Parce que derrière la maman qui vérifie les devoirs, prend les rendez-vous chez le docteur, et sait toujours où sont les crampons de foot perdus, il y a une autre personne, avec des aventures et des rêves que tes enfants commencent tout juste à découvrir.

Bien sûr, ils te connaissent comme Maman – la pro de l'organisation, la soigneuse des bobos, la planificatrice des fêtes d'anniversaire. Mais il y a tellement plus à ton histoire ! L'ado qui avait une collection incroyable de posters de groupes, la jeune femme qui a voyagé seule ou décroché son premier job. Tu as parcouru un sacré chemin pour devenir la maman que tu es aujourd'hui.

Écris tout ici – tes rêves d'enfant, ton premier chagrin d'amour, tes plus beaux moments, le jour où tu as su que tu étais prête à devenir mère. Ne t'inquiète pas de la perfection. Les vraies histoires ont aussi leurs plis et leurs taches de café.

Prends ton temps – entre les trajets pour l'école et les courses, entre les histoires du soir et les matins pressés. Remplis
ces pages avec les souvenirs qui t'ont façonnée, et les moments qui t'ont fait rire, pleurer ou grandir. Parce qu'un
jour, quand tes enfants seront grands, ils comprendront que
Maman, ce n'est pas juste un titre – c'est une partie d'une
histoire incroyable qui est encore en train de s'écrire.

Alors, qu'en dis-tu, Maman ? Prête à partager ton parcours ?
Derrière les histoires du soir que tu racontes à tes enfants,
il y a ta propre histoire qui attend d'être racontée. Et crois-
moi, c'est une histoire que tes enfants chériront pour toujours.

Comment Utiliser Ce Livre

C'est ton histoire – il n'y a pas de chronologie à suivre, ni de
règles à respecter. Choisis une question qui fait surgir un
souvenir et commence à écrire. Passe d'une page à l'autre,
reviens plus tard, ou prends le temps de t'attarder sur les
moments qui comptent le plus pour toi.

Souviens-toi, ces questions ne sont que des portes vers
tes souvenirs. Tes réponses pourraient t'emmener sur des
chemins inattendus, et c'est très bien comme ça. Ce livre n'est
pas là pour des textes parfaits – il est là pour capturer ton
parcours unique, avec ta propre voix.

Dans chaque matinée pressée,

Dans chaque bisou du soir,

Il y a une histoire derrière la maman que l'on voit,

Des rêves, des espoirs, une fille qui court, libre et
pleine de joie.

Avant d'être « Maman », avec toutes les réponses
en tête,

Tu écrivais ton histoire, jour après jour, sans
relâche.

Maintenant, partage ces chapitres, intenses et vrais,

De toutes les aventures qui t'ont forgée.

1

Petite Rêveuse

Maman, on aimerait tant savoir comment c'était quand tu étais petite. À quoi ressemblait la vie quand tu avais notre âge ? Parle-nous de tes aventures d'enfance et des premiers souvenirs qui t'ont façonnée.

Première Maison

C'est à la maison que commence notre histoire – ces murs qui ont vu tes premiers pas, tes premiers mots, et tes premiers rêves. Comment était l'endroit où tu as pris ta première inspiration et commencé à découvrir le monde ?

1.À quoi ressemblait ta maison d'enfance ?

2.Quel est le plus ancien souvenir que tu gardes de cet endroit ?

3.As-tu déménagé pendant ton enfance, et si oui, comment as-tu vécu ce changement ?

Le Parcours de Mamie

L'influence de ta mère a façonné non seulement ton enfance, mais aussi l'héritage qui continue dans notre famille aujourd'hui. Raconte-nous la femme derrière la grand-mère dont on entend parler.

1.Quel est ton souvenir préféré d'enfance passé avec ta mère ?

2.Comment décrirais-tu la personnalité de ta mère, et qu'est-ce qui la rendait unique ?

3.Quelle activité ta mère aimait-elle le plus, et aimais-tu la faire avec elle ?

La Sagesse de Papi

L'homme qui t'a aidée à grandir a laissé son empreinte sur ton cœur et a façonné la personne que tu es devenue. Comment était ton père en grandissant ? On aimerait tant entendre les histoires qui capturent son essence et le lien que vous partagiez.

1.Comment était ton père quand tu étais enfant, et qu'admirais-tu le plus chez lui ?

2.Quels sont tes souvenirs les plus précieux du temps passé avec ton père ?

3.Comment ton père montrait-il son amour pour toi et pour la famille ?

Les Cercles Familiaux

Ces cousins, tantes et oncles ont enrichi ton univers d'enfance. Ces visages familiers ont créé une toile d'appartenance qui s'étendait au-delà de ta famille proche.

1.Quelle tante ou quel oncle a eu la plus grande influence sur ton enfance, et pourquoi ?

2.Quelles traditions ou activités spéciales partageais-tu avec tes cousins ?

3.Quels souvenirs drôles de famille te reviennent en mémoire ?

Les Arômes de la Cuisine

Certains souvenirs vivent à travers les odeurs – le pain qui lève au four, les dîners du dimanche mijotant, les épices des fêtes dans l'air. Quels parfums de la cuisine de ton enfance t'accompagnent encore aujourd'hui ?

1.Quels plats étaient les plus courants dans ta maison d'enfance ?

2.Qui cuisinait dans ta famille, et quel était son plat signature ?

3.Quels ustensiles ou appareils de cuisine te rappelles-tu de ton enfance ?

Jours de Jeux

Les journées d'enfance s'étiraient, pleines de possibilités. À courir partout, inventer des jeux, construire des mondes avec ton imagination – comment passais-tu ces heures dorées de liberté quand tu étais petite ?

1. À quels jeux jouais-tu avec les autres enfants de ton quartier ?

2. Quelle était ton activité extérieure préférée selon les saisons ?

3. Quels jouets ou objets de jeu étaient les plus populaires pendant ton enfance ?

Jours d'École

Les portes de l'école s'ouvrent sur un univers de découvertes, de défis, et de croissance. Ces premières classes forgent non seulement ce que nous apprenons, mais aussi comment nous nous voyons dans le monde. Comment était l'école quand tu étais petite ?

1.Que te rappelles-tu de ton premier jour d'école ?

2.Qui était ton ou ta professeur(e) préféré(e), et qu'est-ce qui le ou la rendait spécial(e) ?

3.Quelles matières aimais-tu le plus et le moins à l'école primaire ?

Amis d'Enfance

Les amitiés d'enfance sont les premiers ponts que nous construisons entre notre famille et le monde extérieur. Ces amis nous enseignent nos premières leçons sur la connexion et la confiance. Qui marchait à tes côtés pendant ces premières années ?

1.Qui était ta meilleure amie ou ton meilleur ami pendant ton enfance, et comment vous êtes-vous rencontrés ?

2.Quelles activités ou jeux aimiez-vous faire ensemble ?

3.Vous est-il arrivé de vous disputer, et comment résolviez-vous vos désaccords ?

Bêtises d'Enfance

Chaque enfance possède son lot de bêtises et d'aventures – ces mo-ments qui semblaient énormes à l'époque mais qui nous font sourire aujourd'hui. Quelles petites escapades ont coloré tes premières an-nées ?

1.Quelle était la plus grande bêtise que tu as faite enfant ?

2.T'est-il arrivé de casser quelque chose de précieux ou d'avoir des ennuis à l'école ?

3.Quel accident ou blessure d'enfance te souviens-tu le plus claire-ment ?

Règles et Corvées

Ta maison d'enfance avait ses propres responsabilités qui t'ont façon-
née. Faire les lits, nourrir les animaux – ces premières leçons t'ont
appris ce que signifie faire partie d'une famille.

1.Quelles corvées devais-tu faire selon ton âge ?

2.Comment gagnais-tu ou recevais-tu de l'argent de poche quand tu
étais petite ?

3.Comment étais-tu punie quand tu enfreignais les règles ?

Cachette Préférée

Même l'enfant le plus aimé a parfois besoin d'un coin secret, d'un endroit qui lui appartient seul. Ces sanctuaires tranquilles contiennent souvent nos pensées et rêves les plus privés.

1.Où allais-tu quand tu voulais être seule quand tu étais enfant ?

2.As-tu créé des cachettes ou cabanes spéciales pendant ton enfance ?

3.Que faisais-tu en général dans tes endroits secrets ?

Première Aventure

Chaque voyage commence par un premier pas. Ce premier goût d'exploration – que ce soit de l'autre côté de la ville ou à l'étranger – ouvre nos yeux à un monde vaste et merveilleux.

1.Quel a été ton premier voyage ou périple important loin de chez toi ?

2.Quel âge avais-tu, et qui t'accompagnait dans cette aventure ?

3.Qu'est-ce qui t'a le plus surpris ou impressionné dans cette nouvelle expérience ?

Rêves d'Enfant

Bien avant que la réalité ne façonne nos choix, nos jeunes cœurs rêvent sans limites. Ces visions précoces – qu'elles se soient réalisées ou non – offrent une fenêtre sur ce que nous espérions devenir.

1.Que voulais-tu devenir quand tu serais grande ?

2.Qui étaient tes héros ou modèles quand tu étais enfant ?

3.Quelles activités ou compétences te plaisaient le plus et dans lesquelles excellais-tu ?

2

Prendre Ton Envol

Ton adolescence devait être tellement différente de la nôtre ! Comment c'était de grandir en découvrant qui tu voulais devenir ? On veut tout savoir sur tes amis, tes rêves et tes défis d'adolescente.

Style d'Ado

Les vêtements qui remplissaient ton placard d'adolescente reflétaient qui tu étais et qui tu voulais devenir. Entre les tendances que tout le monde suivait et tes touches personnelles, comment exprimais-tu ta personnalité ?

1.Quels étaient les styles vestimentaires populaires quand tu étais ado ?

2.Quelle tenue de tes années adolescentes te revient le plus en mémoire ?

3.Y avait-il des choix de mode que tes parents désapprouvaient ou interdisaient ?

Cercles d'Amis

Ces amis qui connaissaient tes secrets et partageaient tes rires ont laissé des empreintes sur ton cœur. Les personnes qui étaient à tes côtés pendant ces merveilleuses années d'adolescence ont façonné celle que tu es devenue.

1.Qui étaient tes amis les plus proches pendant ton adolescence ?

2.Quelles activités ou centres d'intérêt te rapprochaient de tes amis ?

3.As-tu gardé certaines de tes amitiés d'adolescence une fois adulte ?

Jours de Lycée

Les couloirs du lycée résonnent de cris, de chuchotements et des pas de celles et ceux que nous étions en train de devenir. Ces années formatrices nous façonnent de façons que l'on ne reconnaît que des décennies plus tard. Comment était la vie au lycée à ton époque ?

1.À quelles activités extrascolaires ou quels sports participais-tu ?

2.Votre lycée avait-il des traditions ou des événements spéciaux que tout le monde attendait avec impatience ?

3.Comment s'est déroulée ta cérémonie de remise des diplômes ?

Moments Musicaux

La bande-son de notre jeunesse devient l'hymne de nos souvenirs.
Ces chansons qui te faisaient danser, pleurer ou rêver grand résonnent
encore et te ramènent à celle que tu étais autrefois.

1.Quels groupes ou musiciens écoutais-tu pendant ton adolescence ?

2.As-tu assisté à des concerts ou événements musicaux mémorables ?

3.Y avait-il une chanson ou un album qui résumait parfaitement ton expérience d'adolescente ?

Les Douleurs de Croissance

Les adolescents naviguent dans un monde de tâtonnements, où les erreurs deviennent des marches vers la sagesse. Ces défis, une fois surmontés, construisent la résilience qui nous porte tout au long de la vie.

1.Quelle a été l'une des plus grandes erreurs ou mauvais jugements que tu as commis en tant qu'adolescente ?

2.Comment faisais-tu face à la pression scolaire ou aux cours difficiles ?

3.Vers qui te tournais-tu pour demander conseil lorsque tu faisais face à des situations compliquées ?

Professeurs Inspirants

*Certains professeurs ne se contentent pas d'enseigner des matières –
ils nous enseignent la vie et nous aident à voir en nous des possibilités que nous n'imaginions pas. Leur influence dépasse largement les
murs de la classe.*

1.Quel professeur a eu l'impact le plus important sur ton adolescence ?

2.Quelle matière ou compétence enseignait-il, et qu'est-ce qui la rendait spéciale ?

3.Quelle est la meilleure leçon qu'un professeur t'ait jamais apprise ?

Les Lieux de Rencontre des Ados

Chaque génération revendique son territoire – ces endroits spéciaux où les jeunes se retrouvent pour socialiser. Ces lieux deviennent le décor de certains des moments les plus mémorables de la vie.

1.Où toi et tes amis vous retrouviez-vous généralement après l'école ou le week-end ?

2.Y avait-il un restaurant, un centre commercial ou un lieu de loisirs populaire où les ados passaient du temps ensemble ?

3.Quelles activités faisiez-vous habituellement quand vous traîniez entre amis ?

Pages de Journal

Si les pages de ton journal d'adolescente pouvaient parler, quelles histoires raconteraient-elles ? Ces pensées et observations privées, qu'elles soient écrites ou gardées dans ton cœur, capturaient le monde à travers les yeux de ta jeunesse.

1.Tenais-tu un journal ou un carnet pendant ton adolescence ?

2.Quels sujets ou événements auraient dominé les pages de ton journal ?

3.Si tu pouvais envoyer un bref message à ton toi adolescente, quel conseil lui donnerais-tu ?

Les Rêves de Demain

Les années de lycée apportent les premières réflexions sérieuses sur l'adulte que l'on pourrait devenir. Ces visions précoces – ambitieuses, pratiques ou complètement folles – guident nos premiers pas vers l'avenir.

1.Quelle carrière ou quel chemin de vie imaginais-tu pour toi en tant qu'adolescente ?

2.Quelles étapes as-tu franchies pendant ton adolescence pour atteindre tes objectifs futurs ?

3.Tes rêves d'adolescente se sont-ils réalisés, ou la vie t'a-t-elle menée dans d'autres directions ?

3

Trouver Ton Chemin

Avant de devenir notre maman, tu construisais ton propre parcours de vie. Quels étaient tes espoirs et tes aventures en tant que jeune femme ? On aimerait connaître ta vie avant notre arrivée.

Quitter le Nid

Ce moment où tu as tourné la clé de ton propre chez-toi pour la première fois a marqué l'un des plus grands tournants de ta vie. Te débrouiller seule a ouvert un chapitre plein de liberté exaltante et de réalités inattendues.

1.Quand et pourquoi as-tu quitté la maison de tes parents pour la première fois ?

2.Qu'est-ce qui t'a le plus surprise en vivant seule pour la première fois ?

3.Quelles compétences as-tu dû apprendre rapidement une fois indépendante ?

Premiers Vrais Emplois

Le chemin de la vie professionnelle est rarement rectiligne. Ces premiers emplois et expériences de travail – qu'ils soient des tremplins ou des obstacles – façonnent non seulement nos CV, mais aussi notre caractère.

1. Quel a été ton premier emploi sérieux ou ton premier poste après l'école ?

2. Qu'est-ce qui t'a le plus étonnée dans le monde professionnel ?

3. Quelles compétences précieuses as-tu acquises grâce à tes premières expériences professionnelles ?

Leçons sur l'Argent

L'indépendance financière est l'un des plus grands défis et des plus grandes récompenses de l'âge adulte. Ces premières expériences avec les budgets, les factures et les comptes bancaires enseignent des leçons qu'aucune salle de classe ne peut offrir.

1.Comment as-tu géré ton premier budget indépendant ?

2.Quelles erreurs financières t'ont appris des leçons importantes ?

3.Comment épargnais-tu pour des achats ou des objectifs importants ?

Les Premiers Achats

Raconte-nous ces premières virées shopping où tu as dépensé l'argent que tu avais durement gagné. Te souviens-tu de l'excitation de faire tes propres choix sans demander la permission ?

1.Quel a été le premier achat important que tu as fait avec ton propre argent ?

2.Y a-t-il quelque chose pour lequel tu as économisé longtemps ? Est-ce que ça valait la peine d'attendre ?

3.Quel a été l'achat le plus significatif que tu aies jamais fait pour toi-même ?

Style Personnel

Comment exprimais-tu ta personnalité à travers tes vêtements quand tu entrais dans l'âge adulte ? Partage l'évolution de ton style personnel au cours de ces années – des influences mode aux tenues qui te faisaient te sentir le plus toi-même.

1.Qui ou quoi influençait tes choix vestimentaires en grandissant ?

2.Y avait-il une tenue ou un accessoire qui te donnait particulièrement confiance en toi ?

3.Quel vêtement ou accessoire as-tu gardé le plus longtemps, et pourquoi ?

Nouveaux Horizons

Repense aux déménagements et voyages qui ont élargi ton monde en tant que jeune adulte. Que ce soit à travers la ville ou à travers les frontières, comment ces changements ont-ils redéfini ta vision du monde et ta place en son sein ?

1.Quel a été le déménagement ou voyage le plus marquant que tu as fait en tant que jeune adulte ?

2.Comment as-tu décidé où aller et comment y arriver ?

3.Qu'as-tu appris sur toi-même à travers les voyages ou les déménagements ?

Apprendre et Grandir

Ton éducation ne s'est pas arrêtée à l'obtention de ton diplôme – quelles connaissances as-tu poursuivies en construisant ta vie d'adulte ? Réfléchis à la façon dont tu as continué à développer ton esprit grâce à des études formelles ou des compétences autodidactes qui t'ont ouvert de nouvelles portes.

1.Quelles études ou formations supplémentaires as-tu poursuivies après le lycée ?

2.Comment as-tu choisi ce que tu voulais apprendre ou étudier ?

3.Quelles compétences as-tu apprises par toi-même en dehors de l'éducation formelle ?

Les Gens de Ton Choix

En construisant notre vie d'adulte, on se crée une famille choisie composée d'amis et de mentors. Ces relations forment un filet de sécurité qui nous rattrape quand on tombe et célèbre avec nous quand on réussit.

1.Qui étaient les personnes les plus importantes dans ta vie pendant tes premières années d'adulte ?

2.Comment maintenais-tu tes anciennes amitiés tout en en créant de nouvelles ?

3.Qui t'a guidée lorsque tu commençais ta vie d'adulte ?

Espaces de Vie

Repense à ton premier chez-toi qui était vraiment le tien – peut-être petit ou modeste, mais entièrement à toi. Comment c'était de créer ton premier espace de vie d'adulte et de découvrir tes préférences sur ce qu'un foyer devait être ?

1.À quoi ressemblait ton premier appartement ou ta première maison ?

2.Comment as-tu meublé ou décoré tes premiers espaces de vie ?

3.Qui étaient tes colocataires ou tes voisins, et quelles dynamiques se sont développées ?

Trouver Ta Force

Souviens-toi de ces moments où tu t'es surprise toi-même par ta propre capacité et ton courage. Quelles expériences ont aidé à bâtir ta confiance en toi en tant que jeune femme debout sur ses deux pieds ?

1.Quel accomplissement t'a fait réaliser tes propres capacités ?

2.Quel défi te semblait impossible jusqu'à ce que tu le surmontes ?

3.Comment gérais-tu les critiques ou les échecs en tant que jeune adulte ?

Choix Courageux

La croissance se produit à la limite de nos zones de confort. Ces moments où tu as choisi le chemin incertain plutôt que le chemin sûr mènent souvent aux chapitres les plus mémorables de ton histoire.

1.Quelle a été la décision la plus audacieuse ou le plus grand risque que tu as pris pendant tes premières années d'adulte ?

2.Comment décidais-tu si tu devais prendre de grands risques ?

3.Quelle opportunité inattendue a changé la direction de ta vie ?

4

Cœurs Entrelacés

On s'est toujours demandé comment toi et Papa vous êtes rencontrés. Comment votre histoire d'amour a-t-elle commencé ? Parle-nous de votre premier rendez-vous et des moments qui vous ont menés à construire votre vie ensemble.

Premières Rencontres

Repense à ce moment où tes yeux ont croisé ceux de Papa – ce jour ordinaire qui allait tout changer. Que se passait-il dans ta vie quand vos chemins se sont croisés, et quels détails te rappelles-tu de la première fois où tu l'as vu ?

1.Où et quand as-tu rencontré Papa pour la première fois ?

2.Que se passait-il dans ta vie quand tu as rencontré Papa ?

3.Quelle a été ta première impression de Papa ?

Apprendre à le Connaître

Ces premiers rendez-vous étaient remplis à la fois de nervosité et d'excitation. Parle-nous de ces premiers moments passés ensemble – des conversations aux petites découvertes qui t'ont donné envie de passer plus de temps avec cette personne spéciale.

1.Quel a été ton premier vrai rendez-vous officiel avec Papa ?

2.Quelles activités aimiez-vous faire ensemble au début de votre relation ?

3.Qu'as-tu appris sur Papa lors de ces premiers rendez-vous qui t'a surprise ?

Rester Connectés

Avant que les smartphones ne permettent de rester joignables en permanence, comment faisiez-vous, toi et Papa, pour garder contact entre vos rencontres ? Raconte-nous les façons spéciales dont vous exprimiez vos sentiments grandissants l'un pour l'autre.

1.Comment restiez-vous en contact entre vos rendez-vous ou pendant les périodes où vous étiez séparés ?

2.Papa t'a-t-il déjà écrit des notes ou des lettres, ou en as-tu écrit pour lui ?

3.Quel a été le cadeau le plus mémorable que Papa t'a offert ?

Surmonter les Tempêtes

Chaque relation traverse son lot de défis. Quels obstacles avez-vous affrontés ensemble, et comment le fait de surmonter ces épreuves a-t-il renforcé la base de votre relation ?

1.Quels obstacles ou défis avez-vous dû affronter ?

2.Y a-t-il eu des malentendus ou désaccords qui ont mis votre relation à l'épreuve ?

3.La distance, des préoccupations familiales ou d'autres circonstances vous ont-ils déjà séparés ?

Devenir Plus Sérieux

Rappelle-toi ce moment où tu as compris que ce n'était plus une simple relation occasionnelle. Parle-nous de l'instant où tu as su que cette relation devenait vraiment spéciale et pouvait durer toute une vie.

1. Quand as-tu réalisé que cette relation devenait sérieuse ?

2. Depuis combien de temps sortiez-vous ensemble avant que vous sachiez tous les deux que c'était spécial ?

3. Quels ont été les grands moments qui ont rendu votre relation plus sérieuse ?

La Grande Question

Le moment de la demande en mariage occupe une place spéciale dans chaque histoire d'amour. Ramène-nous à l'instant où Papa t'a demandé de l'épouser – où vous étiez, comment il a fait sa demande, et ce que tu as ressenti à ce moment-là.

1.Comment et où Papa t'a-t-il demandé en mariage ?

2.Quels détails te viennent le plus clairement en mémoire de ce moment ?

3.As-tu annoncé la nouvelle immédiatement à quelqu'un, et quelles ont été leurs réactions ?

Le Jour du Mariage

Votre jour de mariage était rempli de détails, à la fois planifiés et inattendus. Quels moments ressortent le plus clairement quand tu repenses au jour où tu es devenue la femme de Papa ?

1.Quel a été le moment le plus mémorable de votre jour de mariage ?

2.Comment as-tu choisi ta robe de mariée, et à quoi ressemblait-elle ?

3.Quelles traditions ou touches personnelles avez-vous intégrées à votre cérémonie ?

Souvenirs de Lune de Miel

La lune de miel est souvent la première aventure qu'un couple entreprend ensemble après avoir dit « oui ». C'est un moment de célébration, de connexion et de création de souvenirs qui durent toute une vie.

1.Où êtes-vous allés pour votre lune de miel, et comment avez-vous choisi cette destination ?

2.Quels ont été les moments les plus mémorables de votre lune de miel ?

3.Y a-t-il eu des imprévus pendant votre voyage ? Comment les avez-vous gérés ?

Commencer Ensemble

Ces premiers jours de vie de couple ont une magie bien à eux. Comment était la vie quand vous commenciez tout juste votre vie de couple marié et appreniez à construire une nouvelle vie ensemble ?

1.Où viviez-vous quand vous vous êtes mariés, et comment avez-vous choisi cet endroit ?

2.Quelle était votre situation financière en tant que jeunes mariés ?

3.Quelles petites choses spéciales faisiez-vous, toi et Papa, ensemble en tant que jeunes mariés ?

5

Devenir Maman

Le jour où tu es devenue mère a tout changé. Comment c'était, ce moment où tu nous as tenus pour la première fois ? On aimerait entendre tes pensées et tes sentiments lorsque tu as pris ce nouveau rôle.

En Attendant Bébé

Ces mois avant l'arrivée d'un enfant mêlent excitation et nervosité. Repense à ce moment spécial d'attente – comment t'es-tu préparée pour ce bébé qui allait tout changer ?

1.Comment as-tu préparé la maison pour l'arrivée de ton premier enfant ?

2.Quels cours ou ressources as-tu utilisés pour apprendre sur la grossesse et la parentalité ?

3.Quelles choses as-tu changées dans ta vie pour te préparer à l'arrivée du bébé ?

L'Histoire de la Naissance

Le jour où tu as rencontré ton bébé pour la première fois est rempli de moments inoubliables. Des premières contractions à l'instant où tu as enfin tenu ton bébé dans tes bras, ces souvenirs restent gravés à jamais.

1.Qui était avec toi pendant le travail et l'accouchement ?

2.Quel est le souvenir le plus clair que tu gardes de la première fois où tu as vu ton enfant ?

3.Quelles émotions t'ont envahie dans ces premiers instants où tu as tenu ton nouveau-né ?

Les Premiers Jours

Ces premiers jours à la maison avec ton bébé étaient un mélange d'épuisement et d'émerveillement, alors que tu apprenais à connaître cette petite personne. Te rappelles-tu de ces nuits blanches et de ces moments pleins de magie ?

1.Comment s'est passée ta première nuit à la maison avec ton premier bébé ?

2.Quels défis as-tu rencontrés dans les premiers jours pour t'occuper d'un nouveau-né ?

3.Comment as-tu appris à prendre soin de ton bébé ?

Devenir Maman

La maternité n'a pas seulement ajouté un titre à qui tu étais – elle t'a transformée de l'intérieur. Comment as-tu navigué ce profond changement d'identité tout en restant fidèle à celle que tu étais avant ?

1.Comment tes routines quotidiennes ont-elles changé après être devenue maman ?

2.Quand as-tu ressenti pour la première fois de la confiance dans ton rôle de mère ?

3.Quelles activités ou pratiques t'ont aidée à t'habituer à être maman ?

Surprises Inattendues

Aucun livre sur les bébés ni aucune rubrique de conseils ne pouvait vraiment te préparer à la réalité. Qu'est-ce qui t'a le plus surprise en ayant un bébé par rapport à ce que tu imaginais ?

1. Qu'est-ce qui t'a le plus surprise dans la réalité d'avoir un bébé ?

2. Quel aspect de la maternité était plus facile que tu ne l'avais imaginé ?

3. Qu'est-ce que personne ne t'a dit sur le fait d'être mère et que tu aurais aimé savoir ?

Une Famille qui S'Agrandit

Chaque famille trouve sa taille idéale, que ce soit par planification ou par circonstances. Parle-nous de la construction de notre famille – comment as-tu décidé du moment, de l'espacement et de la préparation des frères et sœurs ?

1.Comment as-tu décidé d'avoir d'autres enfants après ton premier ?

2.Comment as-tu préparé ton ou tes enfants pour l'arrivée d'un nouveau membre dans la famille ?

3.Quelles différences as-tu remarquées entre ta première grossesse/ naissance et les suivantes ?

Des Relations qui Changent

L'arrivée d'un bébé réorganise toutes les relations dans la dynamique familiale. Comment le fait de devenir parents a-t-il changé les choses entre toi et Papa, avec les grands-parents, et avec ton cercle d'amis ?

1.Comment ta relation avec Papa a-t-elle changé après être devenue parents ?

2.Comment toi et Papa êtes-vous restés proches après avoir eu des enfants ?

3.As-tu rejoint des groupes de parents ou rencontré de nouvelles « amies mamans » ?

6

Le Rythme de la Vie de Famille

Notre vie de famille a toujours eu ses routines et moments spéciaux. Comment as-tu créé notre quotidien ? Partage les petits détails, mais importants, qui ont rendu notre maison si particulière.

Routines du Matin

Tes matins de maman commençaient souvent avant que tout le monde ne soit réveillé. À quoi ressemblaient ces premières heures où tu lançais notre famille dans une nouvelle journée ?

1.À quelle heure te levais-tu généralement en tant que maman ?

2.Quelle était ta routine matinale – quelles tâches faisais-tu en premier, deuxième, troisième ?

3.Comment faisais-tu pour préparer tout le monde et les faire sortir de la maison chaque matin ?

Amour en Cuisine

Les repas que tu préparais faisaient bien plus que remplir nos ventres – ils ont créé des souvenirs et des traditions. Comment relevais-tu le défi quotidien de nourrir notre famille, de la planification à la préparation ?

1.Comment planifiais-tu les repas pour notre famille ?

2.Quels étaient tes plats ou recettes incontournables qui revenaient souvent ?

3.Comment gérais-tu les courses alimentaires ?

Questions d'Argent

Élever une famille signifie prendre des milliers de décisions financières. Repense à la façon dont tu fixais les priorités et faisais des choix difficiles entre ce qui était essentiel et ce qui pouvait attendre.

1.Comment toi et Papa gériez-vous les décisions financières et la planification du budget ?

2.Comment as-tu appris aux enfants la gestion de l'argent ?

3.Y a-t-il des choses que tu as abandonnées ou sacrifiées pour soutenir les finances de la famille ?

Recharger Tes Batteries

La maternité demande de donner sans cesse, mais tout le monde a besoin de se ressourcer. Comment trouvais-tu des moments pour te recharger quand il semblait que tout le monde avait besoin de toi ?

1.Quelles activités ou pratiques t'aidaient à retrouver de l'énergie pendant les années chargées de parentalité ?

2.Comment trouvais-tu du temps pour toi tout en jonglant avec tes responsabilités familiales ?

3.Que faisais-tu quand tu sentais que ton énergie était complètement épuisée ?

Travail d'Équipe à la Maison

Chaque foyer développe son propre rythme pour répartir les responsabilités. Parle-nous de la façon dont les tâches étaient partagées chez nous – entre parents, avec les enfants, et comment cela a évolué avec le temps.

1. Comment les responsabilités domestiques étaient-elles réparties entre toi et Papa ?

2. Quelles tâches ou corvées étaient confiées aux enfants selon leur âge ?

3. Quelles responsabilités ménagères trouvais-tu les plus difficiles ?

Joies Quotidiennes

Entre les emplois du temps chargés et les responsabilités de la routine, tu trouvais des moyens de rendre les moments ordinaires spéciaux. Quelles petites traditions ou simples plaisirs ajoutais-tu à notre quotidien familial ?

1.Quels petits rituels ou traditions illuminaient les jours ordinaires ?

2.Comment créais-tu des moments de bonheur sans dépenser beaucoup d'argent ?

3.Quels objets ou expériences ordinaires prenaient une signification particulière dans notre famille ?

Fin de Journée

À mesure que la lumière du jour s'estompait, tu guidais la famille des activités vers le repos grâce à des rituels du soir. À quoi ressemblaient ces précieuses heures de fin de journée où tout le monde se préparait pour la nuit ?

1.Quelle était la séquence typique de ta routine du soir avec la famille ?

2.Comment gérais-tu l'heure du coucher pour des enfants d'âges différents ?

3.Quelles activités ou routines avant le coucher aidaient la famille à se détendre le soir ?

Créer Nos Propres Fêtes

Même si les fêtes ont leurs traditions, tu as ajouté des touches personnelles qui les ont rendues uniques à notre famille. Quelles traditions spéciales as-tu créées pour donner à nos célébrations leur saveur particulière ?

1.Quelles traditions de fête as-tu créées et qui étaient uniques à notre famille ?

2.Comment certaines traditions de fête ont-elles évolué ou changé au fil des années ?

3.Pour quelle fête as-tu mis le plus d'efforts pour la rendre spéciale, et pourquoi ?

Célébrations d'Anniversaire

Les anniversaires n'étaient pas un jour comme les autres dans notre famille – c'étaient des fêtes personnelles où tu faisais en sorte que la personne à l'honneur se sente vraiment spéciale. Parle-nous des façons dont tu rendais ces célébrations magiques.

1.Quelles traditions d'anniversaire as-tu établies pour que chaque enfant se sente spécial ?

2.As-tu déjà vécu des catastrophes d'anniversaire qui se sont transformées en histoires drôles de famille ?

3.Comment les célébrations d'anniversaire dans notre famille se comparaient-elles à la façon dont tu fêtais les tiens en grandissant ?

Racines Familiales

Notre histoire familiale ne commence pas avec nous – elle s'étend à travers des générations qui ont façonné ce que nous sommes aujourd'hui. Comment nous as-tu aidés à nous connecter à nos racines et à comprendre notre héritage ?

1.Quels aspects de notre héritage culturel ou familial voulais-tu le plus préserver ?

2.Comment nous as-tu fait découvrir les lieux, les plats ou les langues de nos origines ?

3.Quels objets ou souvenirs familiaux servaient de lien tangible avec notre histoire ?

Moments Sacrés

Au-delà des routines chargées du quotidien, tu créais un espace pour des connexions plus profondes et des réflexions. Quels rituels ou pratiques spéciales as-tu établis pour aider notre famille à toucher quelque chose de plus grand que nous-mêmes ?

1.Comment marquais-tu les transitions ou étapes importantes de la vie de manière significative ?

2.Quelles pratiques aidaient notre famille à réfléchir à des valeurs au-delà du matériel ou de l'ordinaire ?

3.Quand et comment créais-tu un espace pour la gratitude, la réflexion ou une connexion spirituelle ?

7

Passions Personnelles

Tu as toujours été bien plus que simplement « Maman » pour nous. Quelles activités et intérêts t'ont permis de rester toi-même ? On aimerait en savoir plus sur les passions qui font de toi la personne que tu es.

Projets de Cœur

Tout le monde a besoin de quelque chose qui lui appartient vraiment – un intérêt qui l'illumine de l'intérieur. Quels hobbies ou passions t'ont le plus captivée au cours de ta vie ?

1.Quel passe-temps ou intérêt t'a le plus intensément captivée ?

2.Quelles compétences as-tu développées en poursuivant cet intérêt ?

3.Comment ta famille a-t-elle réagi ou participé à tes hobbies ou projets passionnels ?

Rien Que Pour Toi

Au milieu de toutes les attentions que tu donnais aux autres, trouver des moments qui t'appartenaient était essentiel. Quels plaisirs tranquilles ou activités personnelles t'ont aidée à préserver ton identité malgré les responsabilités familiales ?

1. Quelles activités solitaires faisais-tu pour ton plaisir personnel ?

2. Comment protégeais-tu du temps pour toi malgré les demandes de la famille ?

3. Où, dans ta maison, as-tu créé un espace ou un refuge personnel ?

Bouger et Se Sentir Vivante

Rester active nous connecte à notre corps et est essentiel pour le bi-en-être. Quelles activités physiques t'ont apporté de la joie, un défi ou de la détente à différentes étapes de ta vie ?

1.Quelles activités physiques ou quels sports as-tu aimés tout au long de ta vie ?

2.Comment tes activités ont-elles changé après être devenue parent ?

3.Qu'est-ce qui te motivait à continuer tes activités physiques malgré un emploi du temps chargé ?

La Musique dans Ta Vie

Certaines chansons s'entrelacent avec nos souvenirs. Quelle musique a traversé ta vie, devenant la toile de fond de tes chapitres les plus marquants ?

1.Quelle chanson te remonte toujours le moral, peu importe la situation ?

2.Jouais-tu d'un instrument ou chantais-tu quand tu étais plus jeune ?

3.Y a-t-il un concert ou un événement musical qui t'a laissé une impression durable ?

Danser à Travers la Vie

La danse fait vibrer quelque chose de spécial dans l'âme – que ce soit des pas formels ou des pirouettes dans la cuisine avec les enfants. À quels moments la musique t'a-t-elle portée et apporté des instants de pure joie ?

1.Quel type de danse t'a apporté le plus de bonheur ?

2.As-tu déjà pris des cours de danse formels, et quel impact cela a-t-il eu ?

3.As-tu déjà dansé devant un public, et qu'as-tu ressenti dans ces moments-là ?

La Magie du Cinéma

Les films nous transportent dans d'autres mondes et nous aident parfois à voir le nôtre différemment. Quelles histoires sur grand écran ont capté ton imagination ou offert une parfaite évasion du quotidien ?

1.Quel est ton film préféré de tous les temps, et pourquoi ?

2.Quels genres de films as-tu le plus appréciés ?

3.Y a-t-il un personnage de film auquel tu t'es vraiment identifiée ou que tu as admiré ?

Entre les Pages

Les livres créent des mondes privés où tu peux voyager tout en restant immobile. Quelles histoires t'ont tenue éveillée tard le soir, et quels personnages t'ont semblé être de vieux amis ?

1.Quel livre a eu l'impact le plus profond sur ta vie, et pourquoi ?

2.Avais-tu un livre préféré durant ton enfance que tu as conservé toutes ces années ?

3.As-tu déjà fait partie d'un club de lecture ou partagé des expériences de lecture avec des amis ?

Temps entre Amis

Au-delà des liens familiaux, il y a les personnes que tu as choisi d'intégrer dans ta vie. Parle-nous de ces amitiés spéciales qui t'ont apporté des rires, du soutien et un espace où tu pouvais être pleinement toi-même.

1.Quelle est ton amitié la plus ancienne, et qu'est-ce qui l'a maintenue vivante ?

2.Quelles qualités apprécies-tu le plus dans une amitié ?

3.Quelle est l'aventure ou l'expérience la plus mémorable que tu as partagée avec des amis ?

Collections Précieuses

Les objets que nous rassemblons racontent souvent des histoires sur ce qui compte pour nous. As-tu collectionné quelque chose de spécial au fil des ans – que ce soit fièrement exposé ou soigneusement rangé dans une boîte ?

1.Quels objets as-tu collectionnés ou rassemblés ?

2.Comment cette collection a-t-elle commencé, et comment a-t-elle évolué ?

3.Quelle a été l'ajout le plus inattendu à ta collection ?

Aventures de Voyage

Voyager au-delà de son environnement familier éveille quelque chose de spécial en nous. Quels voyages – grands ou petits – ont ouvert tes yeux à de nouvelles possibilités ou créé des souvenirs durables ?

1.Quelle a été ton expérience de voyage la plus mémorable, et pourquoi ?

2.Quel endroit que tu as visité t'a instantanément semblé être chez toi ?

3.Y a-t-il une destination dont tu as toujours rêvé mais que tu n'as pas encore visitée ?

Faire Pousser la Vie

Il y a quelque chose d'apaisant dans le fait de plonger ses mains dans la terre et de regarder la vie pousser. Le jardinage ou le soin des plantes ont-ils été une source de joie dans ta vie ?

1.Quels types de jardinage ou de soins aux plantes as-tu aimés ?

2.Quel projet ou succès de jardinage t'a donné une satisfaction particulière ?

3.As-tu une plante ou une fleur préférée qui a une signification spéciale pour toi ?

Au-Delà de la Maison

Faire partie de quelque chose de plus grand que nous-mêmes nous connecte à la communauté de façon significative. Quels groupes, causes ou liens de quartier ont enrichi ta vie ?

1.Quels groupes communautaires, organisations ou causes ont marqué ta vie ?

2.Quelle tradition ou événement communautaire chéris-tu le plus ?

3.Qu'as-tu appris en travaillant avec des personnes diverses dans des contextes communautaires ?

Talents Cachés

Nous avons tous des capacités qui pourraient surprendre ceux qui ne connaissent qu'un seul aspect de nous. Quels talents ou compétences as-tu développés qui pourraient étonner les gens qui te connaissent ?

1.T'es-tu déjà surprise à maîtriser quelque chose que tu pensais trop difficile ?

2.Quel talent ou compétence as-tu hérité de tes parents ?

3.Y a-t-il un talent que tu as découvert plus tard dans la vie et qui t'a apporté de la joie ?

8

Leçons de Vie et d'Amour

Tu nous as tellement appris à travers tes paroles et tes actions. Quelles leçons de vie veux-tu le plus que nous retenions ? Partage la sagesse de ton cœur que tu espères que nous garderons en nous.

Les Leçons les Plus Difficiles

Nos moments les plus durs nous apportent souvent les plus grandes leçons. En repensant aux défis que tu as affrontés, quelles expériences difficiles t'ont enseigné des leçons que tu n'aurais pu apprendre autrement ?

1.Quelle expérience t'a appris la leçon la plus difficile mais aussi la plus précieuse de ta vie ?

2.Où as-tu trouvé la force pendant les périodes les plus difficiles ?

3.Comment décidais-tu quand continuer à affronter un défi ou quand prendre un chemin différent ?

De Cœur à Cœur

Certaines paroles sont trop importantes pour être laissées de côté – la sagesse que tu veux le plus que tes enfants emportent avec eux. Si tu pouvais nous transmettre seulement quelques vérités essentielles sur la vie et l'amour, que voudrais-tu que nous sachions ?

1.Si tu ne pouvais partager qu'une seule leçon de vie, que voudrais-tu que nous sachions ?

2.Quels rêves as-tu pour nous que tu n'as jamais exprimés ?

3.Quel conseil essentiel donnerais-tu pour trouver un vrai bonheur ?

La Sagesse des Relations

Les relations sont au cœur d'une vie pleine de sens, mais se connecter profondément avec les autres est tout un art. Qu'as-tu appris sur la création et le maintien des liens qui comptent le plus ?

1.Quelle relation dans ta vie t'a le plus appris sur toi-même ?

2.Comment as-tu équilibré le fait de donner aux autres tout en prenant soin de toi ?

3.Quelles erreurs dans tes relations t'ont enseigné des leçons que tu n'oublieras jamais ?

Bénédictions Inattendues

La vie suit rarement les plans que nous traçons, et certains de ses plus beaux cadeaux arrivent par des détours imprévus. Quels imprévus t'ont emmenée quelque part d'extraordinaire que tu n'aurais jamais imaginé ?

1.Quel tournant inattendu dans ta vie a mené à quelque chose de merveilleux ?

2.Comment as-tu appris à embrasser l'incertitude au lieu d'en avoir peur ?

3.Y a-t-il eu une opportunité inattendue que tu as failli manquer mais que tu as finalement saisie ?

Ton Étoile Polaire

Au-delà des tendances et des circonstances changeantes, il y a des valeurs fondamentales qui ont guidé tes choix. Quels principes ont servi de boussole à travers les chapitres et les défis de ta vie ?

1.Quelles valeurs fondamentales t'ont guidée tout au long de ta vie ?

2.Quelle valeur as-tu héritée de tes parents et que tu as volontairement transmise à nous ?

3.Quelle valeur trouves-tu la plus importante pour une vie pleine de sens ?

Les Erreurs Qui Ont Enseigné

Nos erreurs, bien que parfois douloureuses, deviennent souvent nos meilleurs enseignants. Quels faux pas ont aidé à façonner ta compréhension ou redirigé ton chemin de manière significative ?

1.Quelle erreur a mené à ta plus grande croissance personnelle ?

2.Quelle erreur aimerais-tu pouvoir revenir en arrière pour corriger ?

3.Comment as-tu rebâti après un revers ou un échec majeur ?

Choix Courageux

Certains moments exigent que nous choisissions entre le confort et la croissance, la sécurité et les possibilités. Quand as-tu choisi le chemin qui demandait plus de courage, et comment ce choix a-t-il façonné la suite ?

1.Quelle a été la décision la plus audacieuse que tu as prise, et qu'est-ce qui t'a convaincue de la prendre ?

2.Comment as-tu trouvé le courage face à un carrefour difficile ?

3.Comment décidais-tu s'il fallait jouer la sécurité ou prendre un grand risque ?

Rêves pour l'Avenir

Même si nous ne pouvons pas voir au-delà de notre propre horizon, nos rêves s'étendent aux générations futures. Quels espoirs nourris-tu pour l'avenir de notre famille et pour le monde que nos enfants et petits-enfants habiteront ?

1.Quel rêve non réalisé aimerais-tu voir accompli par les générations futures ?

2.Comment imagines-tu l'évolution de notre famille dans les décennies à venir ?

3.Quels conseils pratiques donnerais-tu aux plus jeunes membres de la famille pour préparer leur avenir ?

D'autres histoires à recueillir

Chaque parent et grand-parent porte un véritable trésor de souvenirs qui n'attendent qu'à être partagés. Nos livres souvenirs magnifiquement conçus aident à capturer ces précieux récits avant qu'ils ne s'effacent avec le temps.

Notre collection Histoire de Famille

| Histoire de Papa | Histoire de Maman | Histoire de Grand-père | Histoire de Grand-mère |

Disponible sur:

- Amazon

- Les grandes librairies en ligne

Offrez un cadeau qui prend de la valeur avec le temps – parce que chaque membre de la famille mérite de voir son histoire racontée, partagée et chérie.

www.ingramcontent.com/pod-product-compliance
Lightning Source LLC
Chambersburg PA
CBHW051327120626
46547CB00015B/2429